현대시세계 시인선 184

# 세상에서 제일 높은 의자

이현
시집

# 세상에서 제일 높은 의자

이현
시집

도서
출판 북인

처음으로 아버지를 이해하게 된 것은
막노동을 마치고 돌아와 누운 그의 등을 보았을 때였습니다.
거북등처럼 갈라진 상처들에게서
무능하고 고집스럽던 한 사내의 아픔을 전해 들었습니다.

이곳에 모인 부끄러운 고백들은
그러한 상처와 나눈 작은 대화들입니다.

이 말[言]들에게서 나는 세상과 당신을 사랑하는 법을 배
웠습니다.

2025년 8월
이현

# 차례

# 1부

물의 날들

# 수선화

그때 나는
내 안으로 익사했다

미안하다 그대여

세상은 언제나
내 안에서만 피어났으므로

당신을 사랑하는 일이
두렵고 외로워서

당신을 수없이 찌르는
간절한 아픔이었음을 용서하시라

# 무게

여린 풀 끝
새 한 마리 앉았다 날아간다

순간,
들판이 퍼렇게 흔들린다

사소한 날갯짓 하나도
작은 풀은 큰 아픔이었을 것

당신 없이
맹목적이던 나의 비상도

당신의 낮과 밤을
하얗게 흔들었을 것이다

# 홍시 하나

한이었을까나

초겨울 감나무
검게 탄 가지 아래
서리진 주홍빛 감 하나 매달았다

저녁 하늘 날아온
까치 한 마리 그 마음 먹고 있다

불현듯

천지 가르며 찢어놓는
울음소리

병 깊은 지난 꿈처럼
먼 길 밖 당신도 서러웠던가 그랬던가

## 조신몽

한여름 지나가는
소낙비 내리듯

이른 저녁 선잠 속에
그대 만나고 헤어졌네

허옇게 바랜
머리카락 피어나고

지나간 봄날
짧아서 아득한데

꽃 지자 다시 피듯
인연 하나 지울 수 없음이니

해탈마저
또 하나의 꿈이었던가

큰 비 지나 파인 마당
웅덩이 속 하늘 깊고

꿈인 듯
생시인 듯

붉은 상사화 한 잎
떠다니네

# 서해에서

**1**

일몰 보러 달려갔다가
떨어지는 해 붙잡지 못했다

멀어져간 너도 이러했었다

내 것이 될 수 없던 세월 한복판
사선으로 어둠이 뜬다

**2**

물 한 자락 밀려와
밤새 귀를 파도쳤다

길 없는 꿈 뒤척이다

달려나간 맨발
개펄 깊숙이 접지른다

당신 떠난 자리
허연 물소리 피어나는데

먼바다 수평선에 종일 눈 베이고

# 민들레꽃

바람 타고
허공을 떠돌았지

마른 하늘
목을 매고

저녁길 울먹였었어

화안한 꽃등 하나
건네보려고

꿈꾸듯 한세월
강물 따라 흘러다녔어

# 미생지신未生之信 1

장난처럼 주고받은
붉은 언약

물살에 휩쓸려간
텅 빈 그늘

색바랜 목련꽃 한 잎
피더니 진다

바라고 약속했던
삶은 한 발씩 어긋나고

상처난 봄날 하늘
환하더니 저물어간다

# 미생지신 未生之信 2

고통스레 피어난 꽃 쉽게 지고
다가오던 행운 멀어져 가네

압핀처럼 박히어 빛나는 달
등 뒤 어둠을 누가 알겠는가

변덕스러운 봄바람 때도 없어
허약한 기대 허공으로 흩어놓고

끝나지 못한 약속 그림자 긴데
몸살 앓던 봄날 또 가고 있네

# 겨울 엽서

바람을 꿈꾸었나보다

붙잡히지 않는 당신을
가슴에 매달았었다

아픈 것들은 모두 허공에서 왔다

닫힌 대문 주소함에는
텅 빈 안부만 푸석거린다

당신으로 가까이 가고 싶어
뒷걸음쳐야 할 때가 있었다

미안하다
주소 없이 당신을 보내는 새벽

마른 잎 잠시 머문 어딘가
흔들리던 행복이기로 한다

# 그게 중요한 건 아니지

누가 돌아보는가

바람 불고
걸어온 길 지워져버려
낯선 집 대문을 두드리는

그 사내. 행여,
저버린 꽃들의 시간을 줍는
그게 중요한 건 아니지

삶이란
바람의 흔적
멈춰진 시계의 태엽을 감고 있는

지겹도록 사랑하는 그대여
혹은, 나여

사라진 날들 세어보며
마음의 감옥을 세우고
살아가는 일들이

그게 중요한 건

아

니

지

# 납작하다는 말

겨울눈 내리는 날 엄마는 수제비를 끓였다
반죽을 얇게 펴야 맛있는 수제비가 뜬단다
얼기설기 묵은지 잘라넣은 끓는 물에
평평한 조약돌 같은 수제비 떠오르면
어두운 강가 나가 물수제비 띄웠다

그래, 납작하다는 그 말 참 슬프다
각지고 모난 것들 얇게 펴는 그런 일
눈도 코도 입도 있는 듯 없는 듯
해저 연체동물처럼 뼈도 없이 아, 평평하게
바람 부는 세상 위 떠다니는 그런 일

엄마는 떠나고 몸살기 드는 겨울 저녁
묵은지 잘라 넣은 물 위에 뜬 수제비 먹는다
살아가는 습관처럼 착하게 아, 비겁하게
기울어진 눈 감고 모난 생각 부러 누르고
어두운 허공 목숨 걸치고 매달리는 그런 일

꿈도 닫아걸고 그리움도 버려두고
그래, 펄럭이는 수제비 한 술 떠먹는 일
낮은 바닥 평평하게 나이 들어가는 일이다

# 해장국을 먹다보면

풍경이 낯설어질 때가 있다

평소 오고 가던 출퇴근 길도
늘상 마주쳐 익숙하던 집도
속마음 열어 당신 기다리던 골목도
건널 수 없어 멀리로만 바라보던
안개 낀 강 너머 흐릿하게 피어날 때가 있다

초겨울 새벽 창에 붉은 눈 걸고 앉아
모락모락 피어나는 해장국 먹다보면
풍경 너머 다른 세상 문을 열고
토막난 망각들 성큼성큼 걸어오는
흐릿한 창가 당신도 앉아 있어

오래도록 비워낸 마음
돌부리에 걸려 넘어질 때가 있다

# 저녁 바다의 기억

**1**

저무는 바다 들이칩니다

먼바다 정지한 듯 아름답고
가까운 바다 출렁이며 맘 적셔옵니다

오랜

당신은 풍경이었습니까
움직이는 물이었습니까

**2**

파란 물빛 저무는 자리
붉은 소지燒紙 타오르듯 놀이 뜬다

불타는 수평선 너머
커다랗게 비워지는 허공

철없는 열망도 눈물도 타버린 자리
빈 배로 떠다니는 섬 능선 위

하얀 연등 불 밝히듯 달이 뜬다

# 터미널

가고
가지 않는다

오고
오지 않는다

끝도
시작도 없다

인연의 중력이
회전하는 노선을 끌어당긴다

봄꽃 진 자리 가을꽃 다시 피고
당신 헤어져 또 만나 헤어지니

그대 지난 자리
상처난 그리움 우물처럼 깊어

마음 물 고인 듯
떠나지 않는

그 옛날
사랑이 멈춰진 곳

부고訃告


나뭇잎 하나

툭,
떨어집니다

안부 하나 없이
지난 여름 그토록 무거웠습니까

# 2부

# 상처 위에 타는 불

# 상처의 힘

전나무 가지 잘린 자리
허연 수액들 흘러나와 매달린다

고통의 순간
비로소 열리는 푸른 울음

사시사철 시퍼렇게 빛나오르는 삶이란
뼈 안 가득 서러움을 채우는 일이었구나

# 어긋나버리다
— 구공탄 2

불길을 자른다

저무는 바람 소리
나뭇가지 하나 우두둑 베어진다

스쳐간 많은 날들 헤아려보아도
돌아와 나를 키운 것은
사방 안개더미에 얼굴 가린 비겁함뿐이었구나

숙취에서 깨어나 벌컥
냉수 한 사발로 목 축이고
썩어버린 위장 달래는 새벽

부서진 대문의 편지함에는
녹슨 먼지들만 두텁게 쌓여 있고
내게서 떠나간 친구들은
소문으로도 들르질 않는다

# 주소 없는 바람
— 구공탄 3

왜 나는 따뜻함을 노래할 수 없는가
산동네 구들장 밤새 데우고
끝내는 잿더미로 버려지면서
사람들의 밥과 국을 데우고
종내는 쓰레기로 버려지면서

왜 나는 행복을 노래할 수 없는가
단칸방 살림집 잠 뒤척이며
취한 그대 잠든 창가 너머로
마지막 불씨까지 던져주면서
결국은 뼈다귀로 부서지면서

왜 다시 불이 될 수 없는가
왜 다른 것이 될 수 없는가

왜 다른 것이 되어야만 하는가

# 길이 된 몸
― 구공탄 4

운명처럼
타야 하는 불이 있다

얇은 종이 같은 몸 하나
타오르다 재로 남아서도
하염없이 주기만 하는
무모한 목숨이 있다

마지막 불꽃마저 다 주어버리고
닫힌 문 담벽 아래 버려지면서도
허연 뼈다귀로 남아 덜그덕거리며
무심한 당신 한없이 두드리던

겨울 들판 홀로 선 나무처럼
춥고 쓸쓸한 거리 바람으로 떠돌다
세상 얼음길로 굳어져 미끄러질 때
부서진 몸으로 길이 되어버린 빛이 있다

# 오래된 독서

살아갈 날 홍수처럼 밀려나갈 때

가난한 가족들 어둠에 갇혀
울고 있을 그때

거인처럼 우뚝 서서 꾸짖던
아버지의 목소리
우리들은, 없어지지 않았어*

두꺼운 안개
길을 지워버린 겨울 아침

조용히 눈 뜨고 일어나 다시,
걷는다

나는, 없어지지 않았어

* 니코스카잔차키스『영혼의 자서전』중 한 구절.

# 칼

일산시장 막다른 골목
칼 가는 집을 본다

희미한 십오 촉 전구 빛에도
가볍게 일그러지는 그림자

날 빠지고
무디어지는 목숨

한겨울 샛바람으로
갈고 싶다

살점 하나 없이
단단한 뼈 빛나오르는

시퍼런 칼이 되고 싶다

# 변산 노을


꽃들이
가지를 버리듯이

사람들은
제 뼈를 버릴 때가 있다

단 한 번
꽃밭 같은 황홀을 향하여

하늘과 물의 경계마저
태워버리는 저녁 바다 바라보다

그대를 향한
상처난 그리움도 벗어던진다

저것 좀 보게나

환하게 열리는 하늘 하나 잡아채며
세상 너머로 사라져가는 새 떼

위태롭게 아름다운 망명亡命을

# 넝쿨


벽도
길이 되는 것을

모르나봐

세상의 중심에서 밀려나고
변방으로 버려지며 혼자된 자들

크고 단단한 벽 앞에 멈춰 서서
상처난 마음 날마다 움켜쥐고
밤새워 절망하고 스스로를 증오하며
끝내는 자신마저 바닥으로 내던지나봐

저것 봐

넝쿨 한 줄기
경계에 몸을 싣고

몸이 다른 몸 부르고
마음이 다른 마음 불러

손 맞잡고 흔들리며
함께 그리고 제각기

길이 되어
벽을 타고 넘어서는 눈부신 황홀

이것 봐

세상에서 몰락한 자들이
다시금
환한 노을로 피는 것을 당신은,

모르나봐
안 보나봐

# 짧은 여행의 기록

나를 떠나
나에게로 돌아오는 길

동해안 바닷가

바위에 뿌리 내리고
해풍에 몸 버리며 이백 년 살아온

하조대 노송이
내 안에 뿌리 하나를 내렸다

집으로 돌아오니

물 한 모금
기껏해야 햇빛 한 줌뿐이었을 것인데

베란다 로즈마리가
기적처럼 보라색 향기를 피워올렸다

아무 이유 없이 믿고 싶을 때가 있다

목마른 사막의 날들에서도
목숨은 흔들리며 아름다울 수 있는 것이다

## 바닥은 환하다

봄햇살 아려오는 환한 대낮 벤치에 누워
솜사탕처럼 흘러가는 구름 바라보다
저 가볍고 환한 구름들 어디에서 왔을까 하다가
구름의 고향은 깊디깊은 땅 속 수천 리
뜨거운 내핵이 흐르는 어둠이 아닐까 생각했지

어린 시절 저수지에 빠진 일이 있었어 허우적댈수록
흉몽에 가위눌리듯 물 아래 추락하던 몸뚱어리는
기대 없이 바닥을 밝고서야 수면 위로 떠올랐었지

지나고 보니 많은 날들을 버둥거리며 허우적댔어
살아가는 동안 발을 잡아끄는 저수지는 흔하게 있지
바닥을 친다는 일은 누구에게나 두렵고 험한 일 근데 말야
벗어나려고 발버둥치면 더 깊이 가라앉는 건 다르지 않아

삶의 바닥을 친다는 건 목숨을 다시 세우는 일
칠흑 같은 밤하늘 창공에 빛나는 별들의 고향도
수억 광년 시간을 건너가 닿는 폐허廢墟였겠지
어쩌면 바닥이란 환하디환한 빛들의 자궁일지도 모르겠어
계절마다 들판에 지천으로 흐드러지는 꽃들도

여린 발목 캄캄한 어둠 속에 묻고서 피어나는 것처럼
하루하루도 마음의 바닥을 치며 일어나 나아가는 거지

# 상실에 대하여

어제
바람 몹시 불었고
강가의 꽃들 잎새를 버렸다

오늘
한 여자를 떠나보낸 사내가
가난한 골목길 외진 구석
술 취한 눈물 뿜아놓고 사라진다

직장 잃은 가장 하나
한적한 공원 벤치에
하릴없이 앉아 있다 떠난 후
초겨울 저녁 햇살이 대신 앉는다

세상에 변함없이 영원한 것은 없구나

내일
강가를 거닐다가
알몸으로 겨울 나는 나무를 보았다

골목길 돌아오는 이슥한 밤
하늘의 별빛 하나가
사내의 눈물 속에서 빛나고 있다

우연히 택시를 탔다가
운전대를 잡은 직장 잃은 가장의
웃는 모습을 보았다

세상에 완벽한 바닥이란 없구나

# 조율사

## 1

망가져버린 피아노다
오래 전 제 음을 잃어버린
폐기된 몸통이다
절대음의 표준을 잃어버린
소리마저 삭제시킨 생이다

## 2

이 시간
누가 내 몸의 나사를 죄고 있는가
나의 이 정성스러운 해체를
복원하기 위해 헛된 땀을 흘리는
불순한 너는 도대체 누구인가
내 안에서 끝내 떠나지 못하고
내 몸을 조율하는 너는

## 3

소리는 사라지고
몸에는 침묵만 남는다
두둥두둥 늑골의 현絃을 종일토록 두들긴다

소리도 없고 형체도 없는 가락들이
파문으로 허공을 베고 있다
망가진 뼈다귀들 소리가 와르르 분해된다

이제 어느 누구도 내 몸의 소리를
조율하지는 못할 것이다 마침내
나만이 만들어내는 안의 소리들을
홀로 두드리며 듣고 있다

바람 속으로 떠나고 있다

# 취중진담

아름다운 것은 말야

연초록 잎새
단풍으로 타오르듯

빛나던 하루
노을로 타버리듯

이것저것
눈 돌리지 않고

묻지도
따지지도 않고

그냥

노을이 되고
꽃이 되는 거야

단 한순간으로도
전 생애를 거는 거야

# 자목련

사는 것이
무거워

아무 시나
쓰고 싶지 않아

돈벌이 학원강사를 했는데

돈은커녕

아무 시도
쓸 줄 모르게 되었다

낮술 붉게
고개 숙인 봄날 저녁

이보게 친구
떨어져도 피는 것이 꽃이야

붉은 목련 지더니
물빛 바닥 흐드러지고 있다

# 목숨의 진화론

하체 잘린 도마뱀 새로이 꼬리가 재생된다
정비사업으로 몸통이 잘린 가로수 새 이파리가 피어난다
바닥을 딛고 성공한 눈물의 인간극장 드라마를 본다

임계의 문턱 디디고 피어나는
푸른 목숨의 불확실한 돌연변이

예기치 못한 생의 문을 여는
불행의 힘을 믿어보는 때가 있다

# 3부

너로 하여 사랑에 눈을 뜨고

# 저녁강

**1**

꽃 저무는 저녁

마음은 오래도록 지지 않는다

**2**

꽃잎 하나 져도
물결에는 파문이 인다

산그림자 너머
아스라한

당신과 나의 사랑도
한때는 그랬다

# 세상에서 제일 높은 의자
— 어느 해 겨울 이야기

그날 마음도 허기진 나는, 김 서린 콩나물국밥을 몸 안으로 퍼담고 있었어 밖은 추웠고 낮은 하늘 가득 성긴 눈발이 굵어지는 무렵이었지 한두 숟갈 정도의 시간이었을까 출입문이 열리더니, 마치 기묘한 동화의 문이 열리듯, 다리를 저는 남자와 아주 작디 작은 여자 하나가 다정히 손을 잡고 들어섰지 그 작은 여자는 구석 자리에 앉았지만 차려진 국밥을 먹기엔 상이 너무 높았어 어쩌나, 다들 그 연인을 쳐다보는데, 남자가 일어나 입고 있던 옷을 성큼, 벗어 접어 여자를 안아 그 위에 앉히는 거야 그때 기적 같은 일이 일어났어 아주 작은 그녀가 상 위로 불쑥 몸이 돋아나더니 그 남자를 바라보며 환하게 웃기 시작했어 순간, 포개어진 남자의 옷이 새털처럼 가벼운 날개를 달고 날아오르기 시작했지 그를 따라 재크의 콩나무처럼 자꾸자꾸 자라기 시작하던 의자도 급기야 환한 구름 위까지 솟구치며 올랐어

사랑을 잃고 떠돌던 그해 겨울
뿌연 창마다 하얀 눈 내리고
길 지울 듯 가득 쌓이고

그날 나는 세상에서 가장 높은 사랑을 보았던 거야

# 수채화법

번져가는 거야
맑은 물 위 각양각색 물감들
엷은 몸으로 이어 흐르다가
덧대이고 얽히면서 그렇게 말야

간섭하는 거야
색과 색 섞이고 물들면서
너도 아니고 나도 아닌
다른 무엇으로 피어나는 거야

살아간다는 것도 그렇지
낯모르는 너와 내가 만나서
상처난 모서리 잇대며 번져서
연민의 강 아래 함께 젖는 거야

세상 빛나는 생의 그림은
서로 상처 나누며 새살 돋듯
낯선 눈 마주치며 다시금 설레는 것

우리의 사랑이 그렇듯이
그러해야 하듯이 말야

# 가을 삽화 한 장

　고양경찰서 정류장에서 맹인 한 분이 차에 오른다 제가 눈이 안 보여요 죄송합니다 기사 분 차 세우고 운전석에서 일어나 자리까지 손수 앉혀준다 감사합니다 아저씨 헌법재판소 가려고 해요 네 알겠습니다 연세대 정류장이 가까왔을 때 맹인 분이 소리친다 아저씨 연세대에서 내려주세요 헌법재판소 가신댔잖아요 네 근데 여기서 먼저 내릴 일이 생각났어요 기사 분 연세대 정류장에 도착하자 또 운전석에서 일어나 맹인 분 부축해 내려드리더니 돌아와 운전석에 앉는다 감사합니다 아저씨 안전 운전하세요 조심해서 가요 네 아저씨 감사합니다 꾸벅

　그날 창가에 비친 저녁놀 참 곱고 따뜻했다

# 마음에 심는 불씨
— 구공탄 8

새벽길 밟으며 일 나가는 인부들이나
날 밝아서야 집으로 돌아가는 취객들이나
모두 다 한자리 앉아 불을 쬔다
아무 말 없이 침묵의 불씨 집어세우고
제 몫의 삶이 준 마른 땔감을 집어던진다

버려진 사람들은 안다 버거운 목숨의 무게가
어떻게 바닥의 외로움으로 가라앉는지를
타닥타닥 타오르는 불길을 따라
가슴 속 담아둔 수많은 말들 태우고
젖은 하루 불가에 걸어 말리며
남아 있는 몸 안의 불씨를 서로 섞는다

서울역 대합실 신문 덮고 누웠던 노숙자들이나
취업 공고판에서 하루 양식 구하는 사람들이나
지나간 시간의 삭정이들 모아 태우고
타오르는 불길 속에 가끔씩 눈물도 던지면서
꺼지지 않는 불가에 모여 서로 등을 기댄다

# 광장시장

이가 빠져 착해져버린 시인을 만나
어느 햇살 좋은 오후 종로에 간다

낮술 몇 잔에 볼마다 이른 노을 뜨고
환한 햇살 저무는 지붕마다 눈 뜨는 알전구
띄엄띄엄 낯선 이들 이마마다 불 켜지면
시린 등 뒤 굽은 그림자 서로 포개앉아
가진 것 없어 욕심마저 가벼워진 사람들
서로 못나 어깨 섞고 금세 흥거워진다

채울수록 비어가는 속 깊은 말들이야
겨울무처럼 시퍼런 가슴 깊이 묻어두고
한세월 물 가듯 흘러가면 그만이지만
해바라기처럼 익어가는 빈대떡 한 장 바라보다
아무리 뒤집어도 두께 없이 설익어버린 목숨은
왜 그리 겨울날 강물처럼 하냥 서러운 겐지

순이네 빈대떡 막걸리 한 잔에 하루 허기 채우고
어둠 깊게 발 내리면 가눌 수 없는 몸이 가는 곳
서둘러 돌아갈 집이야 창신동 좁은 구들이지만

언제 한번 굽은 등뼈 넓게 펴고 웃어볼까나
헐겁게 입은 옷가지 이른 바람에 펄럭이고
늦가을 키 작은 나무는 점점 가난해져 가는데

## 어떤 경주

삐이익, 호각이 울렸다 화다닥, 배추가 달려나갔다 상추
도 달리고 몸을 벗던 마늘도 뛰기 시작했다 마지막으로 허
가받지 못한 좌판도 일어나 뛰었다 엎어진 상춧잎 하나가
소리에 밟히고 퍼런 배추는 겉잎을 버리고 노란 속살만 남
아 필사적으로 달렸다 잡히면, 우리는, 끝장이다, 하악하악,
나이든 여자 입이 공기를 타고 헐떡이며 떠올랐다 굽이굽
이 끝없던 상계 시장길, 등 뒤에서 헐떡이던 누런 햇살 아,
슬퍼서 맑던, 어느 봄날 운동회

늙은 엄마는 아직도 달리기를 멈추지 않는다

# 어머니의 건축술

어머니 등짐 지고 오르신다
한낮 뙤약볕은 길기도 하다
힘도 좋으셔라 우리 어머니
오르신다 하루 종일 고층 건물 오르신다

어머니 집 지으신다
식어버린 밥 한 덩이 먹고도
용케 난간과 계단 사이 넘어가면서
집 지으신다 단단한 집 지으신다

그 집 쌓여진 벽돌 절반이 눈물이다
비가 와도 쓸리지 않는 슬픔이 절반이다

무식한 어머니 지은 그 집 높아간다
끝 간 데 없이 허공에 집 하나 높이 선다
세월이 가도 헐리거나 무너지지 않는 그 집
벽돌과 문틈 사이 나는 갇혔다

# 유구한 전통

종로 파고다공원 담벼락 돌아
낙원상가로 꺾어드는 길목

육십 년 전통을 자랑하는
변함없는 송해의 집이 있다

평균 나이 육십 세를 넘긴 사내들
옹기종기 허름하게 모여 앉아

한 끼니 목숨을 사는 돈이 이천 원

막걸리 한 사발 곁들이고서야
국밥으로 모자란 허기를 채울 수 있지

장기판 훈수처럼 훤하던 세상사는 가고
노안으로 흐릿해진 하루는 안개만 두꺼워

지문처럼 낙인된 가난은 여전한데

한겨울 하릴없이 콧물만 흘러내리는

이 빠진 늙은 세월의 탁자 위에는

하, 닦아낼 휴지가 없다

# 메뉴판에 걸린 눈동자

서울역 모퉁이
구석진 골목 끝 김밥천국

광장 베고 잠 깨어난
길거리 노숙자 하나
등 뒤에 얼음을 꽂고
눈으로 아침밥 먹고 있다

눈부시고 찬란한 해 밝아오르자
빙벽 같은 창을 타고 흘러
퉁퉁 불어터진 라면처럼 풀어지는
과식한 붉은 눈의 허기들이 증거

신고를 받고 출동한 경찰차에 실려가는
나라마저 팔아버릴 큰 도적이 되지 못해
수갑으로 채워지는 목숨의 죗값
진정 아름다워라 당신들의 천국

# 한겨울의 고해성사

설렁탕을 먹다가
마지막 국물까지 정신없이 퍼먹다가
밥숟갈 놓고 물끄러미 쳐다본다

뜨거운 불로 데워진 식은 목숨
죽은 것이 산 것을 먹어 살리는
죽음이 주는 마지막 힘 기막힌 사랑을

생각한다 반성도 없이 감사도 없이
헐거운 목숨 하나 지상에 남기 위하여
마지막 뼈까지 풀어놓은 뿌연 네 생을
허옇게 눌어붙은 바닥까지 마시면서도

나는 그토록 많은 날들
나는 나를 사랑하지 못하고
분노하고 때 없이 세상을 저주했으니

설렁탕 한 그릇 앞에 놓고 바라본다
착하고 죄 없이 살아 축복인 듯 가난해져
겨울 벌판 맨발로 세상 지고 가는 사람들

# 눈 내리는 망자의 장례식

망자는 사진 속에서 말이 없고
산 자들은 그 사진 앞에서 축제를 한다

통곡하는 배우자의 울음소리는
죽은 자를 위하기보다는 산 자를 위함이다

한 인간의 삶이 위대했건 초라했건
한세상 떼어내고 떠나면 그만이지만

시들어 사라지는 꽃은 씨앗을 남기고
죽어가는 자는 산 자에게 채무를 남긴다

아직 죽은 자의 다하지 못한 삶은
남아 있는 자들의 끊을 수 없는 인연

죽은 자의 집을 마저 짓는 것이
산 자의 몫으로 남는 망자의 장례식

산 자와 죽은 자는 언제 헤어지는가
때 입힌 무덤 앞으로 겨울강은 흐르고

죽은 자가 발을 적시던 시린 강물 속에
발목까지 적시며 먼 하늘만 바라보는

내 친구는 망자의 사진을 들고서 말을 잃고
산 자들은 끝내 주정과 욕설로 축제를 마무리한다

망자의 무덤 위로는 연신 흰 눈이 내려와 덮이고
돌아가는 버스는 자꾸 빈 마음에 채어 덜컹거리고

# 성자 이야기

경기도 고양시 일산서구 일산로 689번지 도서관에는 성자 한 분이 계시다 가끔씩 간밤 내 토해내지 못한 고해苦海의 덩어리를 들고서 찾아뵙는데, 허연 수의를 입은 그분은 언제나 나보다 낮은 곳에서 임하신다 그분은 부드러운 물의 혀로 내 또 다른 입을 씻겨주시는 것인데, 흡사 향료와 머리카락으로 예수의 발을 씻기던 사마리아 여인의 성스러운 슬픔이 있다 창자와 뇌를 돌아 심장으로 돌아오는 물의 세례 그 거룩한 의식으로 나는 어머니의 살 안에서 양수에 다시 웅크린다

그분은 한번도 자신을 위해 살아본 적이 없고, 지금도 그러하시다 꾸울꺽, 중생들의 마지막 죄의 덩어리까지 삼켜버리고 스스로 맑은 물로 현신現身하시는 그분의 무차별적인 헌신 앞에서 나는 욕망의 몸만 집착하는 죄인이 되어 엎드릴 수밖에 없다 그분은 첫째 주와 셋째 주 월요일과 공휴일에는 안식을 취하시는데, 그런 날은 죄를 씻지 못하고 십자가에 목을 매달고 세상을 배회한다 성자 한 분이 도서관 한편에 말씀처럼 임하여 계시다

# 흐르는 계단

골목 계단 입구에 이르자
구두는 두껍고 낡은 발을 벗어놓는다

누가 맨 처음 걸어놓았을까
가파른 골목 끝 열린 대문가
휘영청 밝은 노오란 등불 하나
컴컴한 돌계단을 타고 흘러내리는 빛
목숨의 시원始原을 찾아가는 길목 같다

거친 계단 한발씩 오를 때마다
갠지스강 힌두교도 성수聖水의 예식처럼
상처난 그의 발은 정갈하게 씻긴다
오래고 단단한 바위 껍질 같은 각질도
부드럽고 연한 살로 회귀하는 귀갓길

까르르 까르르 어린 딸 웃음도 흘러내려
환하디환한 산동네 계단 끝 그 집
연어 지느러미처럼 두 팔 활짝 흔들며
커다란 입만 남은 얼굴을 젖혀 들고
문을 향해 날아오르는 그의 발 계단 아래는
그늘진 어둠이 헌 옷 같은 생을 잠시 감춘다

# 주공 임대아파트에 피는 봄꽃

후미진 구석
겨우내 각질 벗고
꽃나무 하나 발갛게 상기된다

겹겹이 나이테 돌아
붉은 피가 배어나오고 있다

허름한 사내 하나
낮술 마시다 말고
떨리는 관자놀이에 붉은 반점을 돋운다

취해버린 햇살도
붉은 채색으로 퍼져나가는
어지러운 한낮의 개화開花

제 집 하나 갖지 못해
한 생을 임대로 피는 목숨들은
저마다 슬프고 아파서

차라리 예쁜 꽃이 되어버렸다

# 4부

# 길 위에서 깨닫는 것

# 헤이리 느티나무


오백 년 살아온
나무 밑에서

오백 년의 소리를 듣는다

그토록 오랜 세월이

한 줄기
고요한 바람뿐이라니

## 길 위의 단상

새들은 허공을 날아 길이 되고
물들은 아래로 흘러 길이 되고
나는 놓여진 길 따라가며 길이 되니

세상 와서 가는 것들
길에서 나고 자라 사라져간다

지난 여름 천변에 흐드러지던 풀꽃들은
마른 몸만 남겨두고 어디 갔는가

나 열병처럼 짓고 허물던 그 많던 집도
어느 곳 잠시 머문 마음이 남기운 길이었을 것

# 빈 들

한때는 빈틈 하나 없이 푸르고 무성했으나
이제는 바람도 흔들 것 없이 성글어진

빈 들녘 한가운데 서서 문득,
나는 알았다

사랑이 깊어지면 놓아준다는 것을
남김없이 지녀온 살을 다 주고 난 뒤
서걱이는 낫질에 목을 베인 벼 포기로 눕는 것

비린내 나는 마른 껍질 다독이며
제 갈 길 떠나가는 뒷모습 마중하며
늙어버린 어머니의 흐린 시선으로
사라져 간 잔해 몸으로 껴안아주는 것

사랑은 그렇듯 살아내는 것
사랑은 그렇듯 빈 몸으로 살아내는 것

## 그 나무

그 나무
여름비 막아주던
이파리 무성한 그 나무
날새들 둥지 틀고
산새들 깃들이던 나무
단지 앞 놀이터
따가운 햇빛 막아주던

그 나무
여름내 벌레들에게
몸 자락 뜯어주고
가을날 이파리 하나
남김없이
소신공양 극락왕생
마음까지 뜯어주었다

어느 바람 불어 추운 날
풍경소리 밤새 울어대더니

함박눈 내린 날 아침

그 나무
백색 적삼으로 갈아입고
부고 한 장 없이
해탈해버렸다

아, 마음속에 심은
그 나무
흰 눈마저 떨궈버린

# 후포

**1**
지친 발 어루만지며
저무는 바다를 본다

어둠의 시작은
물 밑 깊은 아래였구나

깨달음은 늘
늦어서야 새로웠으니

생의 어둠도

끝 모를 심연
바닥의 안에서 시작되었다

**2**
온밤을 바다와 누워
출렁이다 잠을 깬다
아침이면
바다는 제 살을 떼어내

새들로 환생하며 날아오른다
새는 바다의 상처이다
꿈이 깊은 자들은
언제나 아프고
사람들은 상처로 목숨의 힘을 얻는다
뭍으로 날아온 바다가
후포리 낮은 지붕을 흔들어 깨우면
헐거운 영혼의 살을 벗겨
칼자국을 문신한 사내들은
깊고 시퍼런 물결을 밟고 나가
먼바다 바닥까지 그물을 내린다

# 들 가운데서

피하지 못한 돌부리처럼
나에게 걸려 넘어질 때가 있다

높은 벽 앞에 망연하듯
나를 넘지 못할 때가 있다

저무는 들길에 서서
너를 본다

형체도 없이
무게도 없이
무한의 경계 넘나드는

먼 곳으로 부는 바람이여

# 땅끝 1

꽃 지던 봄날 이후로 끝나기 위해서 살았다

아침엔 늘 저녁 창을 보며 깨어났고
꿈에서 함께한 이들은 아무도 찾아가지 않았다

어느 날 홀린 듯이 끝에 갔었다 그곳에서
부서진 생의 문장들이 와르르 포말로 흩어졌다

단언컨대 내 삶은 전부가 습작習作이었다
삶 또한 닫기 전까지는 미완일 뿐이므로

삶이 삶을 돌아보는 동안은
끝은 나에게 끝을 허락하지 않았다

나는 그것을 완전주의자의 헛된 희망이라 기록했다

그것은 끝 너머에서 다시 피어나는 빛과 같아
나는 그것을 또 살아남게 할 절망이라고도 기록했다

# 땅끝 2

해질녘 바다에
눈이 먼다

눈이 멀고 나니
마음길 열리고

어두운 세상 환하다

바다가 제 울음
다 울고 나면

마른 눈물들
소금으로 영글어가고

오랜 유배는 끝날 것이다

# 다산 생가에서

북한강과 남한강이 서로 만나
밤새워 출렁이다 몸을 섞는다

지나온 눈물 한 데 합수合水하며
눈 시린 윤슬로 빛나오르는 아침 강변

세상 바람에 눈멀고 서툴러서
마음은 앞질러나가 쓰러지고

삶이란 그 걸음 느리기만 해
나는 나를 잃고 눈멀었으니

수오재기守吾齋記
가던 길 잠시 멈추고 나를 머물러

물끄러미 바라다보는
기와집 추녀 끝 걸린 깊고 먼 하늘

# 정선 기행 1

사흘 내내
긴 비 내리고 지나간 뒤

거대한 운해 한가운데
떠오르는 섬을 보았다

정상에 서서

모든 말들 침묵하는
황홀경의 무위無爲 굽어보다

세상 같은 거
가볍게 던져버리고

돌아올 길 아예 지워버리고
망명하고 싶었다

# 정선 기행 2

어젯밤 내내 비 내렸고
오늘도 종일 비 내린다

당신 떠난
가늠 없는 수천 리 길
불어온 바람이 마저 지운다

이윽고
밀려온 구름 아래
수장水藏되는 등 뒤의 시간

한때의 꿈이었을까

지나간 사랑
구름바다 파도 치는 섬 기슭에서

가슴 치다
고요히 한 생도 묻고 잠들어간다

# 겨울숲 한가운데서

겨울숲은 감추지 않는다
알몸 그대로
하얀 뼈까지 드러낸다

희고 투명한 햇살이
화려한 잎사귀를 놓아버린
겨울나무들을 씻어내고 있다

겨울숲 한가운데 홀로
서보면 안다
시간의 육신들이 세워놓은
몇 겹씩 가두어진 마음의 감옥들

겨울숲 나무들은
눈조차 거추장스러워
지상으로 내려놓고
온 가지를 흔들어 새들을
투명한 햇살 속으로 방목한다

겨울숲에 서면

한 그루 나무가 되고 싶어진다
가벼운 정신의 날개를 달고
눈발이 되고 싶어진다

끝없이 던지며 날아오르는

# 항아리

아픈 사람 더 아프기를
슬픈 사람 더 슬프기를

아픔 짓이겨 상처가 되고
슬픔 깊어져 절망이 될 때까지

멈추지 말길
섣불리
그치지 말길

더 아파하기
더 슬퍼하기

가득 채우기
비울 때까지 가득 채우기

채우면 채울수록 비워지는
무심한 영혼의 빈 항아리

초승달 하나 담고 리어커에 실려간다

귀퉁이 깨어진 빈 항아리

먹빛의
온갖 색을 가득 채운

# 원대리

긴 눈 그친 후
겨울숲을 가서 보았다

단단한 영혼의 뼈로 우뚝 서서
바람의 칼로 상처를 도려내고
천형처럼 외롭고 가난히 서 있는 시인들

바람은 안에서 나와 온 숲을 흔들고
자작자작 소신공양 살을 태운 영혼들
번뇌로 타오르던 모든 색 다 놓아버리고

수묵화 한 폭 펼쳐놓은 듯
노승의 사리로 서서 허공을 예불하는
흰 장삼자락 단정히 팔 벌린 자작나무들

# 연

살을 에는
겨울 한복판

멀리
꿈을 꾼다

구름 너머

바람에 몸을 싣고
가벼이 떠나가는

훨훨
새 한 마리

# 자아와 세계를 지키려는 첫 '시'도

## 김정수 / 시인

나는 잘못 간직했다가 나를 잃은 자이다.
— 정약용의 「수오재기」 중에서

　이현의 시는 '상실'에서 온다. 사랑하는 사람의 죽음이나 이별, 오래 다니던 직장에서의 갑작스러운 퇴직이나 경제적 어려움, 꿈꾸던 일의 좌절이나 건강 문제 등 상실의 원인은 다양하다. 이런 일을 겪으면 '나'라는 존재는 사라지고, 굳게 믿고 있던 '관계'와 '세계관'은 무너지기 시작한다. 옳고 그름, 좋고 나쁨 등의 관점이나 기준인 '가치관'마저 흔들린다. '세계'로부터 '나'는 점차 고립되고, 관계도 단절되어 깊은 침묵과 어둠 속으로 침잠한다.

　하나의 상실이 기폭제가 되어 연쇄 작용을 일으킨다. 갑작스러운 퇴직은 경제적 어려움으로 이어지고, 정신적·신체적 스트레스는 건강 문제를 유발한다. 가족이나 사회적 관계에도 금이 가 자의와 타의로 단절되는 총체적 상황에 놓인다. '나'라는 존재와 세계가 동시에 무너지는 참담한 경험이 '상실감'이다. 단순한 슬픔이나 상처 이상의 감정에 휩

싸이고, 사막 한가운데에 나 혼자 있는 듯한 막막한 느낌을 받는다.

이에 대한 첫 번째 반응은 현실의 부정이다. '여기'에서 '저기'로 수직 낙하하는 비현실적 상황을 받아들이지 못해 방황한다. 분노하고 좌절하다가 체념할 수도 있다. 원래 상태로 되돌리는 건 매우 어려운 일이다. 세상은 여전히 나를 중심으로 돌아간다는 착각에 주변을 살필 여력이 없다. 상실은 '나' 혼자만의 문제가 아닌 '관계'에서 오는 복잡한 것이다. 상실은 '나'와 관계를 맺고 있는 사람과 시간, 주변 조건에 '나'의 운명이 좌우된다.

내 감정이 정리됐다고 해서 문제가 해결되는 것은 아니다. 상실에서 벗어나는 첫발은 있는 그대로 현실을 직시하고 받아들이는, 현실을 수용하려는 자세로의 전환이다. 타자나 세계보다 자아를 먼저 찾고 지키는 것이 우선이다. 고립과 단절에서 벗어나기 위해 떠나는 여행은 자아를 객관적으로 바라볼 수 있는 소중한 시간이면서 동시에 '유배의 시간'이기도 하다.

이현에게 길 위의 유배는 익숙한 공간과 세계의 탈출, 자아를 찾는 과정, "나를 떠나/ 나에게 돌아오는"(「짧은 여행의 기록」) 반성의 시간이다. 또한 잠시 곁길로 들어섰다가 돌아오는 동시에 '시 쓰기'의 길로 들어서는 계기와 다름없다. 길 위에서 다시 끄집어낸 시는 "오랜 유배는 끝날 것"(「땅끝 2」)이라는 희망의 발견과 다름없다.

다산 정약용은 한문 수필 「수오재기守吾齋記」에서 "천하의 만물은 모두 지킬 것이 없다"면서 "유독 이른바 나我라는 것은 그 성품이 달아나기를 잘해 드나듦에 일정한 법칙이 없다"고 했다. 밭이나 집, 경전經典 등은 누가 가져갈 수 없으니 지킬 이유가 없다. 하지만 자아는 사회적 지위나 물질적 욕망 같은 외부 환경에 쉽게 흔들린다. "아주 친밀하게 붙어 있어서 서로 배반하지 못할 것 같으나 잠시라도 살피지 않으면, 어느 곳이든 가지 않는 곳이 없"기 때문에 외부의 유혹이나 변화에 흔들리지 않는 '참된 나'를 지키는 첩경이라는 것이다.

세계와 관계의 흔들림, "흔들리던 행복"(이하 「겨울 엽서」)의 원인은 다 '나'의 성품이 달아났기 때문이다. 특히 다시 잡으려 해도 "붙잡히지 않는 당신", "가까이 가고 싶은" 당신의 존재는 언제나 당당하게 그 자리를 지키고 있어 더 범접하기 어렵다. 이현에게 '나'를 지키는 일은 한쪽으로 미뤄두었던 '시'를 다시 쓰는 것이다. 따라서 첫 시집 『세상에서 제일 높은 의자』는 상처와 그리움의 자리에 머무는 사랑을 회복하는 일이면서 외부 환경에 쉽게 흔들리는 현상적 자아를, 어떠한 조건이나 환경에서도 흔들리지 않는 본질적 자아를 찾는 일인 셈이다.

시인은 상실 이후 객관적으로 주변을 관찰하면서 소박한 사람들의 삶에 녹아 있는 소소한 이야기에 감동하고 반성하면서 진정으로 마음을 비우려 한다. '나'를 비운 자리에 반성과 소중한 사람(들)에 대한 미안함 그리고 제자리로 돌아가려는 소망을 채워 넣는다. 상실이 만들어낸 파동은 부정의 세계관을 긍정의 세계관으로, 자아 중심에서 타자 중심으로 전환하는 계기가 된다. 이번 시집은 부정과 긍정, 자아와 타자, 생활과 여행, 관찰과 사유 그 사이에서 방황하는 날들의 진중한 기록이다. 상실 이후 혼란과 방황에서 시를 통해 '나'를 찾고 지키려는 첫 시도이면서 삶의 제자리를 찾기 위한 처연한 속울음이다.

어제
바람 몹시 불었고
강가의 꽃들 잎새를 버렸다

오늘
한 여자를 떠나보낸 사내가
가난한 골목길 외진 구석
술 취한 눈물 뽑아놓고 사라진다

직장 잃은 가장 하나
한적한 공원 벤치에
하릴없이 앉아 있다 떠난 후
초겨울 저녁 햇살이 대신 앉는다

세상에 변함없이 영원한 것은 없구나

내일

강가를 거닐다가
알몸으로 겨울 나는 나무를 보았다

골목길 돌아오는 이슥한 밤
하늘의 별빛 하나가
사내의 눈물 속에서 빛나고 있다

우연히 택시를 탔다가
운전대를 잡은 직장 잃은 가장의
웃는 모습을 보았다

세상에 완벽한 바닥이란 없구나

—「상실에 대하여」 전문

　　이현의 시에서 상실은 "세상에 변함없이 영원한 것"은 존재하지 않는다는 사실과 그래도 "세상에 완벽한 바닥이란 없"다는 깨달음의 출발점이면서 도착점이다. 시적 주체가 경험한 극과 극의 '세상'에는 어제-오늘-내일로 이어지는 시간의 흐름과 자연 풍경의 내면화를 거치면서 자아와 세상을 부정하지 않고 수용하는 한층 성숙한 모습으로 표출된다. 시인은 오늘/현재 상황을 구체적으로 진술하고, 어제/과거와 내일/미래를 자연 상관물을 통해 묘사하는 세련된 시작詩作을 선보인다.
　　몹시 부는 바람으로 외적 환경을, 잎새를 버리는 꽃으로 자신의 처지를 드러낸다. 즉 과거에 처한 주변 상황과 시적 주체의 심리, 해결의 실마리를 자연 상관물에 얹어 표현하고 있다. 상실한 사람과 이를 관찰하는 사람이라는 시적 주체의 삶과 자연에서 길어올린 철학적 사유는 시를 한층 깊은 곳으로 유인한다. 자연과 자연 사이에는 "한 여자를 떠나보"내는 '이별'과 한 가장의 '실직'이라는 극한의 상실이 자리하는데, 이는 인간의 상처와 고통을 배가하는 효과를 유발한다. 몸과 마음으로 느끼는 상실의 괴로움은 자신의 의지와 상관없이 인연에 의해 생겨났다가 사라진다.

불가에서는 무상無常에 저항하고 무상한 현상에 집착하면 괴로움에 갇히므로 거기에 자신을 내맡겨야 평온에 이르게 된다고 설파한다. 이별 후 술에 취해 눈물 흘리는 것이나 "한적한 공원"에서의 고민은 집착을 떨쳐버리지 못한, 무상한 일이다. 하지만 고행을 통해 깨달음을 얻기 전의 괴로움은 스스로 감당해야 할 몫이다. 괴로움의 감도를 낮추는 방법은 종교에의 귀의나 도피가 아닌 택시를 운전하는 "직장 잃은 가장의/ 웃는 모습"을 보는 것같이 소소한 인간사라 할 수 있다. 이를 다르게 말하면 일상의 회복이다. 이는 타자에 "알몸"을 드러내고 "눈물"을 흘리는 것은 자아를 한없이 낮추는 행위이면서 '나'라는 인간을 원래 자리에 있게 하는 시발점이기도 하다.

봄햇살 아려오는 환한 대낮 벤치에 누워
솜사탕처럼 흘러가는 구름 바라보다

저 가볍고 환한 구름들 어디에서 왔을까 하다가
구름의 고향은 깊디깊은 땅 속 수천 리
뜨거운 내핵이 흐르는 어둠이 아닐까 생각했지

어린 시절 저수지에 빠진 일이 있었어 허우적댈수록
흉몽에 가위눌리듯 물 아래 추락하던 몸뚱어리는
기대 없이 바닥을 밟고서야 수면 위로 떠올랐었지

지나고 보니 많은 날들을 버둥거리며 허우적댔어
살아가는 동안 발을 잡아끄는 저수지는 흔하게 있지
바닥을 친다는 일은 누구에게나 두렵고 험한 일 근데 말야
벗어나려고 발버둥치면 더 깊이 가라앉는 건 다르지 않아

삶의 바닥을 친다는 건 목숨을 다시 세우는 일
칠흑 같은 밤하늘 창공에 빛나는 별들의 고향도
수억 광년 시간을 건너가 닿는 폐허廢墟였겠지
어쩌면 바닥이란 환하디환한 빛들의 자궁일지도 모르겠어

계절마다 들판에 지천으로 흐드러지는 꽃들도
여린 발목 캄캄한 어둠 속에 묻고서 피어나는 것처럼
하루하루도 마음의 바닥을 치며 일어나 나아가는 거지

—「바닥은 환하다」전문

또한 이현 시인에게 상실은 '바닥'을 확인하는 작업이다.

바닥에 이르기 전에는 바닥인 줄 모른다. 한없이 추락하다가 바닥에 이르고 나서야 겨우 바닥인 줄 인식한다. 바닥을 대하는 방식과 반응은 저마다 다르게 드러난다. "버려진 사람들"(「마음에 심는 불씨 — 구공탄 8」)은 외로움으로, "끝내는 자신마저 바닥으로 내던지"(「넝쿨」)는 사람은 절망과 증오로, "네 생을/ 허옇게 눌어붙은 (설렁탕 국물) 바닥까지 마시"(「한겨울의 고해성사」)는 사람은 반성하는 마음으로, "생의 어둠도// 끝 모를 심연/ 바닥의 안에서 시작"(「후포」)됐음을 아는 사람은 새로운 기분으로, 꽃이 "떨어져도 피는 것"(이하 「자목련」)임을 아는 사람은 "물빛 바닥"에서 흐드러지게 피는 꽃을 보는 것으로, "바닥을 딛고 성공한"(「목숨의 진화론」) 사람은 감격의 눈물로…. 외로움과 절망, 증오를 내려놓고 내 삶을 반성하는 사람은 "낮은 바닥 평평하게 나이 들어가는 일"(「납작하다는 말」)임을 자각한다.

가장 낮은 자리에 서서 세상을 경험한 사람만이 그 자리를 딛고 일어서는 법을 알고 있다. 나를 밀어내는 '바닥의 힘'으로 "지겹도록 사랑하는 그대"(「그게 중요한 건 아니지」) 곁으로 돌아가려는 시도는 눈물겹다. 상실의 자리에서 사랑의 자리로 옮겨 앉으려는 시인의 시도에는 언제나 그대/당신이 존재한다.

인용시 「바닥은 환하다」의 시적 주체는 "대낮 벤치에 누워"서 "흘러가는 구름 바라보다" 구름의 출처를 생각한다. 한낮의 벤치는 실직을, 구름은 갈 곳이 없음을 상징한다. "구름의 고향"이 "어둠"이라는 말은 삶의 배후 같은 고향마저 갈 수 없는 처지라는 의미이다. 구름은 비교적 습한 공기가 상승할 때 만들어지는데, 시적 주체의 심중도 어둠이라는 전언과 다름없다. 조금은 장황한 이 시는 관찰과 어둠의 연상 이후 경험의 세계를 가져온다. 바로 "어린 시절 저수지"에서 익사할 뻔한, 죽음 직전 "바닥을 밟고서야 수면 위로 떠올랐"던 어둠의 경험을 끌어온다. 바닥에 이르기 전의 죽음의 공포는 "환한 대낮 벤치"의 한적한 풍경과 대비되면서 극적인 효과를 낳고, "버둥거리며 허우적"거린 시간으로 확대된다.

바닥은 스스로 일어서지 않고, 그곳에 닿은 존재의 힘을 떠받치거나 일으켜 세우는 힘을 보유하고 있다. 현재의 관찰에서 과거의 경험, 경험의 일반화를 거치면서 시적 흐름은 '삶의 바닥론'으로 급격히 방향을 선회한다. "삶의 바닥을 친다는 건 목숨을 다시 세우는 일"이라는 경험적 사유는 "바닥이란 환하디환한 빛들의 자궁"이라는 근원적 상상을 불러온다. 구름-어둠은 방황하는 자아를, 빛-자궁은 안정하고 싶은 자아를 상징한다. 전자와 후자의 간극에는 "폐허廢墟"가 존재하는데, 폐허는 마음이 가닿을 수 있는 가장 낮은 곳을 뜻한다. 이 시는 구름이라는 자연 사물의 관찰로 시작된 시적 주체의 처지와 심경을 빼어난 '바닥론'으로 마무리하고 있다.

그날 마음도 허기진 나는, 김 서린 콩나물국밥을 몸 안으로 퍼담고 있었어 밖은 추웠고 낮은 하늘 가득 성긴 눈

발이 굵어지는 무렵이었지 한두 순갈 정도의 시간이었을
까 출입문이 열리더니, 마치 기묘한 동화의 문이 열리듯,
다리를 저는 남자와 아주 작디 작은 여자 하나가 다정히
손을 잡고 들어섰지 그 작은 여자는 구석 자리에 앉았지
만 차려진 국밥을 먹기엔 상이 너무 높았어 어쩌나, 다들
그 연인을 쳐다보는데, 남자가 일어나 입고 있던 옷을 성
큼, 벗어 접어 여자를 안아 그 위에 앉히는 거야 그때 기
적 같은 일이 일어났어 아주 작은 그녀가 상 위로 불쑥 몸
이 돋아나더니 그 남자를 바라보며 환하게 웃기 시작했어
순간, 포개어진 남자의 옷이 새털처럼 가벼운 날개를 달
고 날아오르기 시작했지 그를 따라 재크의 콩나무처럼 자
꾸자꾸 자라기 시작하던 의자도 급기야 환한 구름 위까지
솟구치며 올랐어

　　사랑을 잃고 떠돌던 그해 겨울
　　뿌연 창마다 하얀 눈 내리고
　　길 지울 듯 가득 쌓이고

　　그날 나는 세상에서 가장 높은 사랑을 보았던 거야
　　　　　　　　　　　　　　　　—「세상에서 제일 높은 의자」전문


　시적 주체인 '나'는 위에서 언급한 「바닥은 환하다」처럼
관찰자의 위치에 놓여 있다. 하지만 관찰 대상이 자연 사물
이 아닌 사람이다. 그 사람들을 일정 거리에서 관찰만 할 뿐

개입하지 않지만, 관찰하는 와중에 시적 주체의 힘든 상황과 겹쳐지면서 감정적으로 이입된다. 이는 관찰의 대상을 시에 도입해 상황을 객관화하려는 의도로 보인다. '나'를 직접적인 시적 대상으로 삼기에는 "고통의 순간/ 비로소 열리는 푸른 울음"(「상처의 힘」)을 감당할 수 없기 때문이다.

표제시 「세상에서 제일 높은 의자」에서는 우연히 마주친 "연인"을 관찰하면서, 그 다정하고도 따스한 모습에 위안을 얻는다. "눈발이 굵어지는" 한겨울에 콩나물국밥을 먹고 있는데 식당 문이 열리며 "다리를 저는 남자와 아주 작디작은 여자"가 들어선다. 먹는 것도 잊어버리고 연인을 추적한다. "구석 자리에 앉"은 여자의 키가 너무 작아 제대로 먹을 수 없다. 그러자 같이 온 남자는 입고 있던 겉옷을 벗어 방석처럼 접고는 여자를 안아 그 위에 앉힌다. 내 옷을 방석으로 내어준다는 건 배려의 차원을 넘어 상대를 존중하고 존경한다는 의미를 담고 있다. 내 분신과도 같은 옷을 가장 낮은 자리에 깔고 그 위에 상대를 앉히기 때문이다.

몸도 "마음도 허기진 나"는 '눈'으로는 연인의 신체적 결핍을 바라보지만, '마음'으로는 다정과 웃음을 보고 있다. 나를 낮춰 상대를 올리는 행동은 "사랑을 잃고 떠돌던" 내 눈에 한 편의 "동화"처럼 비친다. 진실한 사랑은 신체적 결핍이나 경제력보다 상대를 먼저 생각하고 배려하는 것이기 때문이다. "불쑥 몸이 돋아나"는 순간 "나는 세상에서 가장 높은 사랑"을 깨닫는다. "환한 구름 위까지 솟구치며" 오르는 의자의 상상은 희망을 상징한다.

그때 나는
내 안으로 익사했다

미안하다 그대여

세상은 언제나
내 안에서만 피어났으므로

당신을 사랑하는 일이
두렵고 외로워서

당신을 수없이 찌르는
간절한 아픔이었음을 용서하시라

—「수선화」 전문

장난처럼 주고받은
붉은 언약

물살에 휩쓸려간
텅 빈 그늘

색바랜 목련꽃 한 잎
피더니 진다

바라고 약속했던

삶은 한 발씩 어긋나고

상처난 봄날 하늘
환하더니 저물어간다

—「미생지신未生之信 1」 전문

　시집을 여는 시 「수선화」의 시적 주체는 비탄에 젖어 있
다. 억울함을 토로하기보다 자책하고 있다. 자신의 내면에
잠겨 숨쉴 수 없을 만큼 고통스러워하고 있다. 상실의 슬픔
에 잠겨 있다. 수선화의 꽃말처럼 나만 소중하고, 나만 고
결하고, 내 자존심만 중요하다. "당신 없이/ 맹목적"(「무게」)
으로 살아 "당신의 밤과 낮을/ 하얗게 흔"든 결과다. 잘나
가던 "그때"는 세상이 나를 중심으로 돌아가는 양 착각하고
행동한 것을 뒤늦게 후회하고 있다. 이는 "장난처럼 주고받
은/ 붉은 언약"을 지키려고 다리 밑에서 기다리다가 끝내
익사한 미생未生과 다르지 않다. 융통성 없이 고지식하게
약속만을 지키려는 자신을 탓하고 있기 때문이다.
　한데 미생은 목숨보다 언약을 중시했지만, 「수선화」의 시
적 주체인 '나'는 당신과의 약속을 저버렸다. 미생은 물에
익사하지만, 나는 "내 안으로 익사"한다. 미생이 익사한 자
리에는 "텅 빈 그늘"이, 내가 익사한 자리에는 "세상"이 피
어난다. 미생이 존재의 부재라면 나는 부재의 존재다. 아니
그 반대일 수도 있다. 미생은 현재 부재하지만 융통성 없는
사람의 대명사로 회자하고, 나는 현재 존재하지만 당신에

게 부재하기 때문이다.

 당신의 부재로 내가 세상의 중심이 아니라는 것을 인식하는 순간 나는 존재하지 않는다. 존재하지 않는 "내 안으로 익사"는 자아의 고립, 사랑의 갈증을 심화한다. "바라고 약속했던/ 삶은 한 발씩 어긋나" 상처만 남았다. "내 안으로 익사"는 마음의 유배이기도 하다. 추사 김정희는 제주로 유배지에서 쓴 「수선화水仙花」에서 차가운 날씨에도 꽃을 피우는 수선화를 찬송하며 "해탈한 신선"을 보는 듯하다고 했다. 혹독한 추위와 마음의 유배를 견디면 물가에 피어나는 수선화처럼 다시 사랑받을 수도 있다는 염원이 묻어난다.

  한여름 지나가는
  소낙비 내리듯

  이른 저녁 선잠 속에
  그대 만나고 헤어졌네

  허옇게 바랜
  머리카락 피어나고

  지나간 봄날
  짧아서 아득한데
  꽃 지자 다시 피듯

인연 하나 지울 수 없음이니

해탈마저
또 하나의 꿈이었던가

큰 비 지나 파인 마당
웅덩이 속 하늘 깊고

꿈인 듯
생시인 듯

붉은 상사화 한 잎
떠다니네

―「조신몽」전문

「미생지신尾生之信 1」은 사마천의『사기』에서 미생의 고사
를, 「조신몽」은 일연의『삼국유사』에서 「조신몽」 설화를 모
티브로 삼고 있다. 「미생지신尾生之信 1」은 주변 상황을 생
각하지 않고 맹목적으로 신의를 지키려다가 비극을 초래한
어리석음을, 「조신몽」은 인간의 욕망과 인생무상, 불교적
깨달음을 통해 자신의 심정을 반영하고 있다.

설화 「조신몽」이 현실-꿈-현실이라는 3단 구조를, 시 「조
신몽」은 꿈-현실이라는 단선 구조를 취하고 있다. 조신이
꿈에서 생로병사의 인간사를 경험하고는 다 부질없음을 깨

닫지만, 이 시의 주체는 "이른 저녁 선잠"에서 "그대를 만나고 헤어"지고는 현실에 더 집착하는 모습을 보인다. 그 배경에는 인력으로 "지울 수 없"는 인연 때문이다. "붉은 상사화"가 상징하듯, 이별 이후 사랑하는 마음은 더 깊어져 꿈과 현실을 구분하지 못한다. 시적 주체의 감정선에 따라 시적 언어가 "지나가"고, "내리"고, "떠다니"듯 하강과 "피어나고", "피듯" 상승을 반복한다. 지나가는 계절은 아무리 시간이 흘러도 변치 않음을, "지자 다시 피"는 꽃은 영원한 사랑을 의미한다. "해탈"은 고뇌, 속박으로부터 해방되어 인연에 얽매이지 않는다. 하지만 그마저도 "또 하나의 꿈"에 지나지 않으므로 해탈보다 인연을 선택하는 단심의 사랑을 보여준다.

가고
가지 않는다

오고
오지 않는다

끝도
시작도 없다

인연의 중력이
회전하는 노선을 끌어당긴다

봄꽃 진 자리 가을꽃 다시 피고
당신 헤어져 또 만나 헤어지니

그대 지난 자리
상처난 그리움 우물처럼 깊어

마음 물 고인 듯
떠나지 않는

그 옛날
사랑이 멈춰진 곳

—「터미널」전문

　사랑하는 당신은 "먼 길 밖"(「홍시 하나」)에 머문다. "당신 떠난 자리/ 허연 물소리 피어나"(「서해에서」) "당신은 풍경"(이하 「저녁 바다의 기억」)인지 "움직이는 물"인지 묻는다. 풍경은 한곳에 머물지만, 물은 그 자리에 머물지 않고 아래로 흐른다. 당신이 풍경이라면 떠날 이유가 없지만, 물이라면 당신의 움직임에 맞춰 이동해야 한다. 그래야 당신을 사랑할 기회를 얻을 수 있다. 기본적으로 물은 씨앗을 싹트게 하는 생명을 상징하지만, 이현의 시에서 물 이미지는 이별이나 죽음, "상처난 그리움"으로 표출된다. 물은 고정되지 않고 끊임없이 순환한다. 지상과 지하를 넘나들다가, 허공을 떠돌다가 다시 지상으로 내려와 흐르는 과

정을 반복한다.

　터미널도 물의 순환과 다름없다. 터미널은 "끝도/ 시작도 없"는 순환의 연속이다. 터미널을 떠난 차와 사람들은 다시 돌아온다. 물의 순환이나 터미널의 생리는 생명이 있는 것은 죽어도 다시 태어나 생이 반복된다는 윤회를 닮았다. 시 제목은 터미널이지만, 시적 의미는 불교의 윤회사상을 담고 있다. 윤회에서 벗어나는 해탈은 시공간과 인연을 초월한다. 가고 오는 것이나 시종始終이 없는 상태이면서 인간의 번뇌와 속박에서 벗어난다.

　하지만 이 시의 주체는 당신과의 인연에 연연하는 마음 상태를 유지한다. 물의 순환은 또한 계절의 순환이기도 하다. 계절에 따라 꽃이 피었다가 지고 졌다가 다시 피는 것처럼, 사람도 인연에 따라 만났다가 헤어지고 헤어졌다가 만난다. 하지만 아직 헤어졌다가 만날 때가 아니다. 터미널은 떠남과 돌아옴의 공간이지, 해후의 장소가 아니기 때문에 "그 옛날/ 사랑이 멈춰진 곳"이다. 터미널을 출발해 길을 떠나야 "지겹도록 사랑하는 그대"(「그게 중요한 건 아니지」)와 화해하고, 나를 지킬 수도 있다.

　　꽃들이
　　가지를 버리듯이

　　사람들은
　　제 뼈를 버릴 때가 있다

단 한 번
꽃밭 같은 황홀을 향하여

하늘과 물의 경계마저
태워버리는 저녁 바다 바라보다

그대를 향한
상처난 그리움도 벗어던진다

저것 좀 보게나

환하게 열리는 하늘 하나 잡아채며
세상 너머로 사라져가는 새 떼

위태롭게 아름다운 망명亡命을

—「변산 노을」 전문


터미널을 떠난 시인은 세상을 주유한다. 서해를 찾아 종
일 "먼바다 수평선"(「서해에서」)을 바라보고, "동해안 바닷
가"(「짧은 여행의 기록」)의 해풍을 건디는 노송을 관찰하고,
"온밤을 바다와 누워/ 출렁"(「후포」)이고, 해남 땅끝을 찾아
"내 삶은 전부가 습작習作"임을 확인하고, "북한강과 남한강
이 서로 만나"(「다산 생가에서」)는 다산 생가를 찾고, 강원
도 정선에서 "침묵하는/ 황홀경의 무위無爲"를 굽어보고, 인

제 원대리 자작나무 숲에서 "소신공양 살을 태운 영혼들"
(「원대리」)을 만나고, "겨울숲 한가운데 홀로"(이하 「겨울숲
한가운데서」) 서서 사는 것이 "마음의 감옥"임을 깨닫는다.
"몰락한 자들이/ 다시금 환한 노을로 피는 것"(「넝쿨」)을 보
고 다시금 희망을 품기도 한다.

　　길 위에 선 시인은 "단 한 번/ 꽃밭 같은 황홀을 향하여"
자기의 "뼈를 버릴" 줄도, "상처난 그리움도 벗어던"질 줄도
알아야 한다는 것을 깨닫는다. 길 위에 선 시인은 "위태롭
게 아름다운 망명亡命"을 준비하고 있다. 그 망명은 주변 환
경이나 사람으로부터의 피신이 아니라 '나'와 '시'로의 귀환
이다. 길 위에서 '나'를 들여다보는 시간은 '나'를 지켜 '당신/
그대' 곁으로 돌아갈 수 있는 충전의 시간이다. 자연과 사람
속으로 스며들어 스스로 삶의 풍경이 되는 사이 상실의 상
처는 서서히 아물어간다.

　　　사는 것이
　　　무거워

　　　아무 시나
　　　쓰고 싶지 않아

　　　돈벌이 학원강사를 했는데

　　　돈은커녕

아무 시도

쓸 줄 모르게 되었다

—「자목련」 부분

이현은 일찍이 기형도가 "사랑을 잃고 나는 쓰네"(「빈집」)라고 노래한 바로 그 자리에 지금 서 있다. "평소 오고 가던 출퇴근 길"(이하 「해장국을 먹다 보면」)이나 "늘상 마주쳐 익숙하던 집", "당신 기다리던 골목" 같은 익숙한 것과 작별하고, 낯선 "풍경 너머 다른 세상(의) 문"을 열고 있다. "아무 시나/ 쓰고 싶지 않아" 뒤에 밀려두었던 시인의 길을 걸으려는 것이다. 소시민들의 소소한 삶과 행복을 목도하고, 길 위에서 나를 내려놓은 덕분이다. "아무 시도/ 쓸 줄 모르게 되었다" 겸손해하지만, 첫 시집 『세상에서 제일 높은 의자』는 '나'를 지켜 '당신'의 마음을 얻으려는 영혼의 고백록으로 부족함이 없다. 남은 과제는 스스로 "시퍼런 칼이 되"(「칼」)어 익숙한 것들을 사정없이 베어내는 일이 아닐까. 날카롭게 벼린 칼날의 언어로 그 대상이 무엇이든 간에.

현대시세계 시인선 **184**

# 세상에서 제일 높은 의자

지은이_ 이현
펴낸이_ 조현석
기　획　김정수, 우대식
펴낸곳_ 북인
디자인_ 푸른영토

1판 1쇄_ 2025년 10월 03일
출판등록번호_ 313 - 2004 - 000111
주소_ 121 - 842 서울 마포구 서교동 460 - 34, 501호
전화_ 02 - 323 - 7767
팩스_ 02 - 323 - 7845

ISBN 979-11-6512-184-6　　03810
ⓒ이현, 2025